AF371021

# BREVET D'INVENTION

## DE 15 ANS

### Pris le 18 Mars 1881

PAR

## THOMAS ALVA EDISON

POUR

**PERFECTIONNEMENTS DANS LES MACHINES MAGNÉTO OU DYNAMO-ÉLECTRIQUES, APPLICABLES AUX MACHINES GÉNÉRATRICES AUSSI BIEN QU'AUX MACHINES MOTRICES.**

*Délivré suivant Arrêté Ministériel en date du 27 Mai 1881*

SOUS LE Nº 141800

*Cabinet de* D. H. BRANDON, *Ingénieur, 1, rue Laffitte,* PARIS.

# MÉMOIRE DESCRIPTIF

ANNEXÉ AU BREVET D'INVENTION DE 15 ANS, PRIS LE 18 MARS 1881

Par le sieur **EDISON** (Thomas-Alva)

ÉLECTRICIEN DES ÉTATS-UNIS D'AMÉRIQUE

et qui lui a été délivré par arrêté du Ministre de l'agriculture et du commerce, en date du 27 mai 1881

POUR DES

## PERFECTIONNEMENTS DANS LES MACHINES MAGNÉTO OU DYNAMO-ÉLECTRIQUES, APPLICABLES AUX MACHINES GÉNÉRATRICES, AUSSI BIEN QU'AUX MACHINES MOTRICES

sous le numéro 141 800.

Une partie de l'invention se rapporte aux brosses commutateurs.....

Il est un fait bien connu que la brosse commutateur généralement employée se compose d'un faisceau de fils métalliques ou de couches de plaque métallique fixés dans un châssis ou porte-brosse dans une position convenable pour porter *sur* et établir le contact *avec* le commutateur. Suivant la construction employée jusqu'à ce jour, les porte-brosses ont été généralement attachés au châssis de la machine d'une manière rigide, au moyen d'une disposition quelconque servant à les ajuster dans de différentes positions par rapport au commutateur, et en outre ils ont été attachés de manière à ce que dans le cas où une brosse commutateur était endommagée au point qu'elle devait être séparée ou remplacée, il était nécessaire d'arrêter la machine.

Il importe que la pression des brosses sur la périphérie du commutateur soit constante et qu'elle puisse être ajustée au degré voulu, parce que, lorsque la pression est trop grande, les parties se réduisent et s'usent trop vite, tandis que lorsque la pression est trop faible, un arc peut se former entre les surfaces opposées ou entre des parties de ces surfaces, ce qui aurait pour résultat de les brûler ou oxyder.

Il importe également qu'une disposition soit adoptée, qui permette l'enlèvement d'une brosse pour qu'elle puisse être réparée ou remplacée sans que la machine doive être arrêtée ou que la capacité ou le courant transmis subisse aucun changement.

Afin d'obtenir ces résultats, chaque brosse ou ressort est fixé dans un porte-brosse formé avec un coude, de sorte que la brosse ou le ressort puisse être ajusté de manière à porter sur le commutateur dans une position oblique, c.-à-d. à un angle autre qu'un angle droit par rapport à l'axe du commutateur... Ce porte-brosse est articulé dans une mâchoire en U, formée en haut par une pièce qui sera appelée plus loin le fût du porte-brosse. A l'endroit de l'articulation du porte-brosse, il est formé une chambre dans laquelle est disposé un ressort qui tend à faire porter la brosse sur le commutateur, une roue à rochet et un cliquet étant disposés conjointement avec ce ressort, de sorte que la force de ce dernier peut être ajustée. Grâce à cette disposition, on obtient une brosse ou un ressort commutateur ajustable, à pression élastique.

Sur un côté et près de l'extrémité inférieure du fût ou du manche, il est pratiqué une entaille dans laquelle entre, du dessous, l'extrémite d'une vis de serrage.

En avant du commutateur, il est disposé deux barres métalliques conductrices, dont chacune constitue une extrémité du circuit extérieur. Ces barres sont de la grandeur de l'entaille pratiquée dans les fûts ou manches ci-dessus décrits, et elles sont pourvues à leur surface inférieure d'une rainure.

Sur chacune de ces barres, deux, trois ou un plus grand nombre de ces brosses commutateurs ajustables à pression élastique sont établies en faisant glisser sur la barre la partie comportant l'entaille, les brosses étant ensuite fixées sur lesdites barres en tournant la vis de serrage jusqu'à ce que l'extrémité de cette dernière se prenne dans la rainure formée dans la barre.

Cette disposition est complètement illustrée aux figures 1, 2 et 3 des dessins ci-joints, dont la figure 1 est une vue d'un commutateur et d'une série de brosses commutateurs, construits suivant cette invention. La figure 2 est une élévation latérale d'un porte-brosse, et la figure 3 est une coupe longitudinale d'une partie d'un porte-brosse.

A est le commutateur d'une machine dynamo ou magnéto-électrique, disposé de la manière ordinaire sur l'extrémité de l'armature à mouvement rotatif B, et supporté à son extrémité extérieure dans des coussinets C, a, a étant les bandes de ces commutateurs, réunies aux bobines de l'armature, mais isolées l'une de l'autre.

A une distance convenable des commutateurs, des barres carrées D, D sont supportées dans des supports D' D' (dont il n'est représenté qu'un seul), les barres étant toutefois isolées desdits supports.

Les porte-brosses sont formés en deux pièces E, F, la partie E étant formée à son extrémité supérieure avec une entaille ou mâchoire en U, dans laquelle est maintenue et articulée la partie F. Une broche ou boulon i passe à travers les deux parties et sert à les maintenir ensemble.

Dans la partie inférieure de la pièce F, il est formé une chambre dans laquelle est placé le ressort *h*, dont l'extrémité interne est fixée à la broche *i*, tandis que son extrémité extérieure est attachée à la paroi de la chambre.

Sur l'extrémité de la broche *i*, à l'extérieur de la chambre, il est fixé une roue à rochet *k*, un cliquet *m* étant disposé sur la pièce E, ce cliquet prend dans les dents de la roue *k* et sert à maintenir celle-ci dans une position fixe.

Dans l'extrémité supérieure ou libre de la pièce F, il est formé une chambre ou entaille *f*, qui sert à recevoir et à maintenir une brosse qui y est fixée à l'aide d'une vis de serrage *e*.

Dans le côté interne de la pièce E, il est pratiqué une rainure de la grandeur de la barre D et dans le côté inférieur de cette dernière, est pratiquée une rainure, comme cela est représenté aux figures 2 et 3.

Une série de porte-brosses ainsi construits, sont placés côte à côte sur les barres D, D, en glissant simplement chaque porte-brosse sur la barre en partant du côté antérieur, chacun de ces porte-brosses y étant fixé à l'aide de la vis de serrage *d* qui se prend dans la rainure pratiquée dans la barre D.

L'emploi d'une série, comme cela est représenté, présente plusieurs avantages. Chaque série de brosses est simultanément en contact métallique avec la même bande ou les mêmes bandes du commutateur ; il en résulte que des étincelles entre le commutateur et les brosses sont de beaucoup diminuées, sinon complètement supprimées, même avec un courant très fort.

Lorsque des réparations ou le remplacement d'une ou de plusieurs brosses deviennent nécessaires, les vis de serrage *d* des brosses endommagées sont desserrées et les porte-brosses desdites brosses endommagées sont retirés de la barre D, sans déranger les autres brosses qui offrent une surface de contact amplement suffisante.

Comme cela a été dit, la roue à rochet *k* est montée sur la broche *i*, à laquelle est attaché le ressort *h*, il en résulte qu'en tournant la roue à rochet *k*, un degré voulu de résistance peut être imprimé au ressort, laquelle résistance sert à maintenir les brosses sur le commutateur avec une pression constante et uniforme, laquelle pression peut être variée ou réglée au moyen de la roue à rochet.

Cette disposition fournit une grande surface de contact, tandis qu'en même temps une brosse quelconque peut être enlevée pour être réparée ou remplacée, sans produire aucune influence sur la capacité génératrice de la machine ou sans varier le courant ; j'appelle cette disposition « brosses multiples pour grands courants ».

Une autre partie de l'invention se rapporte à la combinaison du moteur avec la machine magnéto ou dynamo-électrique. Dans l'emploi de machines magnéto ou dynamo-électriques, il importe que les armatures soient tournées à une vitesse uniforme et constante, parce que toute variation de la vitesse se fait immédiatement sentir dans le courant.

Suivant le mode d'emploi ordinaire, ces machines sont reliées au moteur à l'aide d'organes intermédiaires, généralement de courroies, qui sont susceptibles de glisser et produisent ainsi des irrégularités dans la rotation de l'armature ou bobine, chacune de ces irrégularités influençant le courant et ayant pour effet que l'irrégularité se reproduit et se fait sentir dans le fonctionnement des organes de translation établis dans le circuit, de quelque nature que soient ces organes.

Afin d'obvier à cet état de choses, il est préférable de réunir le moteur directement avec le générateur, c'est-à-dire supposant que le moteur soit une machine à vapeur, la bielle de la machine est réunie directement à l'arbre ou axe de la bobine rotative, préférablement à l'aide d'un bouton de manivelle et d'un disque sur l'extrémité de l'arbre de la bobine, lequel disque, sur son côté opposé au bouton de manivelle, est chargé d'un poids qui contre-balance le poids du bouton et de la bielle, de manière à ce que tout choc ou irrégularité dans le passage des points morts soit supprimé. Cette disposition est d'autant plus nécessaire que la machine employée doit avoir une marche très rapide, pas moins de quatre à cinq cents coups par minute, afin que la bobine reçoive la grande vitesse de rotation nécessaire. La machine devrait être également ce qui peut être appelé une « machine contenue en elle-même », c'est-à-dire elle devrait être pourvue d'un régulateur et d'organes de détente automatique variable, ajustables de manière à ce que lorsque la vitesse devient excessive, les organes de détente se changent automatiquement pour intercepter la vapeur à une moindre fraction de la course et *vice versa*.

Il est évident que lorsque la vitesse du moteur diminue, la vitesse de la bobine diminue également et par conséquent la force électro-motrice ou pression du courant engendré s'abaisse.

Si la machine à vapeur et le générateur sont ainsi disposés, il est créé un système de génération dans lequel la pression ou force du courant peut être maintenue constante d'une manière automatique.

Dans la construction des générateurs d'une grande capacité, il faut employer des noyaux très grands et des pièces de fonte pour les extensions polaires également très grandes. Ces très grandes pièces coûtent proportionnellement plus que les petites et elles sont bien plus difficiles à manœuvrer, l'enroulement du fil autour d'elles exige plus de travail et de soin.

Le plus grand effet sur les noyaux est produit par les spirales de fil les plus rapprochées, mais en employant de très grands noyaux, quelques-unes des spirales de fil sont nécessairement quelque peu éloignées des noyaux.

Avec plusieurs noyaux plus petits, dont le poids d'ensemble est celui d'un plus grand noyau, on peut obtenir une plus grande surface pour l'action des spirales et on peut employer une plus grande quantité de fil, dont la distance moyenne de la surface des noyaux est la même dans les deux cas.

Donc, des générateurs d'une très grande capacité peuvent être construits économiquement d'une série (deux ou un plus grand nombre) de bobines et de noyaux ou d'aimants de champ, chaque série ayant ses propres extensions polaires, mais une armature ou bobine commune à toutes étant employée.

Grâce à une telle construction, comme cela vient d'être expliqué, on obtient une grande facilité et économie dans la construction, les bobines sont en moyenne amenées plus près des noyaux et une plus grande quantité de fil peut être employée avantageusement. En outre, si à un moment quelconque donné, on désire augmenter la capacité du générateur, cela peut être effectué en additionnant des aimants de champ à ceux qui se trouvent déjà dans le générateur, la seule nouvelle partie étant une bobine proportionnellement plus longue.

Dans le but d'obtenir une grande solidité et de restreindre l'espace, il est préférable de monter le moteur et le générateur sur une fondation commune, sur laquelle est fixé, sur des supports intermédiaires d'une manière non magnétique, le générateur; les supports non magnétiques étant nécessaires, afin d'empêcher la formation d'un circuit magnétique en dehors des extensions polaires.

Afin de donner au générateur une plus grande rigidité et le support nécessaire, la série d'extensions polaires est réunie physiquement au moyen d'un bras ou d'une pièce de réunion en une matière non magnétique qui a pour effet de faire de pôles opposés une seule structure, mais qui les maintient séparés magnétiquement.

Cette disposition est illustrée à la figure 4 des dessins, qui représente un moteur et un générateur réunis et construits comme cela a été expliqué.

L est une base ou plaque convenable, préférablement en fonte, sur laquelle est fixée la base individuelle M de la machine à vapeur. Cette base M peut être construite en une seule pièce avec L, ou bien elle peut être construite séparément et y fixée d'une manière convenable.

A est le cylindre de la machine, pourvu d'une soupape d'admission ordinaire $a$ et avec une boîte à vapeur et autres accessoires ordinaires non représentés dans le dessin.

La tige de piston B est réunie à la bielle $b$ qui est engagée sur un bouton de manivelle sur le disque C auquel est fixé un bloc ou poids qui contre-balance le poids du bouton de manivelle et de la bielle *b*.

Le disque C est monté sur un arbre *c* qui porte également l'armature tournante ou bobine et constitue, par conséquent, l'arbre et du moteur et de la bobine et peut être appelé un arbre à bobine aussi bien qu'un arbre d'une machine motrice. La machine est pourvue d'un régulateur G commandé de la manière ordinaire, par une partie tournante quelconque de la machine, et réuni à un mécanisme de détente variable, de manière à varier automatiquement la détente, réduisant ou augmentant la vélocité en augmentant ou diminuant la proportion de la course pendant laquelle la vapeur est admise.

E, E′, E″ représentent trois séries d'aimants du champ de force, chaque série formant un aimant, dont les noyaux des bobines sont réunis par une pièce formant dos ou joug ; *e*, *e′*, *e″* étant les jougs de E, E′, E″ respectivement.

Chaque aimant est pourvu de ses propres extensions polaires, une pour chaque pôle, comme F, F′, F″ qui constituent un pôle de chaque aimant, l'autre pôle étant caché dans le dessin par la plaque H et la base I.

Ces pôles sont légèrement séparés l'un de l'autre afin de rendre possible le passage de l'air sur tous les côtés de chacun.

Afin de restreindre l'espace, ces aimants sont placés horizontalement au lieu de verticalement. Et afin de donner la rigidité nécessaire et d'assurer la distance convenable entre les pôles pour la rotation de la bobine, il est boulonné sur eux une plaque H en matière non magnétique.

Sur l'arbre *c* est la bobine ou armature E⁴ formée sur un manchon D qui est claveté sur l'arbre *c*. Cette bobine est d'une longueur effective égale à la longueur de l'ouverture formée par les extensions polaires et dans laquelle elle doit tourner. Outre le fait qu'elle accomplit sa fonction comme bobine ou armature, la bobine est proportionnée de manière à ce qu'elle agisse comme volant pour la machine.

Afin d'empêcher qu'il ne se forme un circuit magnétique en dehors des aimants, une matière non magnétique I, K est placée entre le générateur et la base L.

Si le générateur n'était qu'une machine dynamo-électrique simple, toute diminution de la pression ou force dans le circuit, due à une augmentation de résistance ou au travail dans le circuit, se ferait sentir immédiatement dans les bobines de champ elles-mêmes, tandis qu'il est préférable que ce courant ne soit pas ainsi influencé.

Afin de maintenir la pression uniforme en ce qui regarde les changements de ce genre, il est bon d'employer, comme source du courant pour les aimants de champ, un petit générateur dynamo-électrique auxiliaire.

La bobine de ce générateur auxiliaire peut être placée sur une prolongation de l'arbre c et son courant dirigé à travers les bobines du champ de force E, E', E''. — Ces bobines du champ de force peuvent être réunies dans un seul circuit, en une série, ou bien elles peuvent être réunies au circuit du champ de force par des circuits dérivés, comme un circuit à arc multiple.

Tandis que dans le dessin il n'est représenté que trois séries d'aimants, il est évident que deux ou un nombre quelconque plus grand peuvent être employés.

Il est aussi évident que, étant donné un générateur d'une certaine capacité, cette capacité peut, à un moment quelconque voulu, être augmentée par l'addition de nouvelles séries d'aimants, sans la nécessité de reconstruire la machine, quitte à pourvoir une bobine proportionnellement plus longue.

Une autre partie de cette invention se rapporte aux régulateurs de ces machines, lorsqu'elles sont employées comme machines pour la conversion de courant en force motrice.

Les régulateurs, tels qu'ils ont été généralement construits jusqu'à ce jour pour ces machines, ont été disposés de manière à interrompre le circuit, lorsque la vitesse devenait trop grande, le circuit étant fermé de nouveau lors de la diminution de la vitesse au degré voulu; mais il est évident que la vitesse anormale sera continuée par suite de l'inertie des parties pendant un intervalle plus ou moins grand après l'interruption du circuit.

Cette disposition donne lieu à des variations désavantageuses dans la vitesse de la machine, parce que la vitesse doit augmenter d'abord lorsque le circuit est interrompu et s'abaisser ensuite, lorsque le circuit est de nouveau complété, augmentant ainsi et diminuant alternativement la vitesse, donnant souvent un mouvement de secousses à la machine et aux mécanismes y réunis.

La disposition la plus convenable paraîtrait être de disposer le régulateur de telle manière que généralement la vitesse anormale ou plus grande qu'elle n'est voulue, ne puisse être atteinte, la vitesse étant maintenue pratiquement uniforme.

Le but de cette partie de l'invention est d'accomplir ce résultat, et à cet effet elle consiste en un régulateur au moyen duquel le circuit est interrompu à des intervalles réguliers, c'est-à-dire une fois pendant chaque révolution du régulateur et généralement à un certain point déterminé, la machine marchant par l'effet de son inertie jusqu'à ce que le circuit soit de nouveau complété ainsi, faisant agir le courant pour ainsi dire pendant une partie seulement de la course et l'interceptant ensuite d'une manière analogue à la détente dans les machines à vapeur, le régulateur étant également disposé de manière à ce que lorsque la vitesse augmente, le courant sera intercepté et la machine marchera par suite de son inertie pendant un temps proportionnellement plus long pendant chaque révolution, constituant une détente variable automatique, exactement analogue à la détente des machines à vapeur.

Un régulateur centrifuge est disposé de manière à être mû par une partie quelconque tournante de la machine. Sur son arbre et réuni aux bras des boules, de manière à être élevé et abaissé par ceux-ci, il se trouve un manchon composé d'une partie isolante et d'une partie bon conducteur, leur ligne de jonction étant diagonale, c'est-à-dire si la surface de la broche était développée, elle accuserait la forme d'un *N* italique, la ligne entre les deux étant la diagonale réunissant les jambes de l'*N*.... Un ressort porte sur cette broche et le circuit de la machine passe à travers le ressort et la broche.

Le régulateur est ajusté de manière à ce que, lorsque la machine marche à la vitesse normale et avec la pression normale du courant, le commutateur sera dans la position convenable pour que le circuit soit complet pendant une partie suffisante de chaque rotation du manchon, pour maintenir cette vitesse uniforme.

Lorsqu'on donne à la machine un travail additionnel à exécuter ou lorsqu'une moindre quantité de courant est alimentée, le régulateur allant moins vite aura pour effet que le courant sera admis pendant une plus longue partie de la révolution, ou pour ainsi dire, que la détente aura lieu à une plus grande fraction de la course ou *vice versa*.

La figure 5 des dessins représente un régulateur de cette nature.

A est le régulateur centrifuge à boules, se composant de deux boules attachées aux tiges volantes qui sont articulées dans des supports fixés sur l'arbre B qui est monté dans des coussinets appropriés et reçoit son mouvement au moyen d'une corde ou courroie passant sur la poulie C et réunissant celle-ci à une partie quelconque mobile de la machine.

Les bras *a*, *a* du régulateur sont articulés à un manchon *b*, auquel est fixé un commutateur D, les deux parties étant disposées de manière à pouvoir glisser en haut et en bas sur l'arbre B. Le commutateur D est construit en une partie bonne conductrice *d* et en une partie isolante *d'*, les deux parties étant coupées diagonalement et réunies à leurs bords diagonaux.

Le circuit de la machine passe par le conducteur 1 à l'arbre B, de là par la partie conductrice *d* au ressort *e* supporté *sur* mais isolé *du* châssis du régulateur, et de là au conducteur 2.

Le régulateur est ajusté de manière à ce que, pendant qu'il tourne à la vitesse normale, et pendant que le courant a la pression normale, le commutateur sera dans la position convenable pour que le circuit soit complet pendant une partie suffisante de chaque révolution de D, pour maintenir cette vitesse uniforme.

Lorsqu'on donne à la machine un travail additionnel à exécuter, ou lorsqu'une

moindre quantité de courant est alimentée, le régulateur allant moins vite aura
pour effet que le courant sera admis pendant une plus longue partie de la révolution, ou, pour ainsi dire, que la détente aura lieu à une plus grande fraction
de la course ou *vice versa*.

Une autre partie de l'invention se rapporte à des moyens pour communiquer
le mouvement de l'armature tournante d'une machine électrique au mécanisme
commandé sans l'emploi de courroies, d'engrenages ou d'autres organes semblables employés pour diminuer la vitesse.

Les meilleurs effets sont obtenus de machines électriques lorsque les armatures
tournent d'une manière constante et uniforme à une très grande vitesse. — Cette
vitesse est souvent ou plutôt généralement plus grande que la vitesse à laquelle
on désire faire marcher les machines ou appareils commandés. Donc, afin de
réduire la vitesse, le moteur et les machines ou appareils commandés sont
réunis au moyen de courroies ou d'engrenages dans l'emploi desquels il y a des
défauts inhérents, tels que le glissement et l'allongement des courroies, le bruit
que produisent les engrenages, etc.

La méthode que j'ai imaginée à cet effet, peut être exposée dans des termes
généraux, comme suit: le mouvement rotatif de l'armature est converti d'abord
en un mouvement oscillatoire qui est ensuite converti en un mouvement de
rotation continu, de la manière suivante :

Sur l'arbre de l'armature il se trouve un bouton de manivelle équilibré, auquel est attachée une bielle réunie à et faisant osciller un mécanisme de cliquets
à frottement.

Sur l'arbre moteur est montée une roue ayant une périphérie à frottement.
Affolé sur l'arbre moteur, il se trouve un bras qui se projette à une courte
distance au-dessus du bord de la roue à frottement où il est recourbé et façonné
en un châssis dans lequel sont articulés deux cliquets, réunis ensemble par un
cadre pouvant être mû de manière à ce qu'un cliquet seulement puisse se
prendre à la fois sur la roue.

Les cliquets sont construits de manière à ce qu'ils communiquent le mouvement dans des directions opposées; il résulte de là que la direction de rotation
des roues motrices dépend du cliquet que l'on choisit pour la transmission du
mouvement.

Le bras portant les cliquets est fendu et la bielle y est réunie au moyen d'une
broche dont la position est ajustable dans la fente, de manière à ce que la longueur du levier puisse être ajustée et la vitesse transmise être variée facilement.

La disposition qui vient d'être décrite est employée en double, c'est-à-dire
deux ou un plus grand nombre de bielles communiquent le mouvement de
l'arbre de l'armature à un nombre égal de cliquets à frottement et de roues

motrices sur l'arbre commandé, les boutons de manivelle étant disposés de telle
manière, l'une par rapport à l'autre, qu'un mouvement continu soit imprimé à
l'arbre commandé et au mécanisme réuni à cet arbre.

Sur l'arbre commandé est affolé le volant et la poulie de commande princi-
pale, un embrayage étant employé pour les fixer sur l'arbre lorsqu'on désire
communiquer le mouvement, de sorte que les machines ou mécanismes peuvent
être arrêtés sans arrêter le moteur lui-même.

Ce système d'organes est plus clairement représenté dans les dessins, dans
lesquels (figure 6) est une vue perspective du mécanisme commandé, détaché de
la figure 7, qui est une vue perspective de la machine motrice complète. La figure 8 représente l'application de ce système à une locomotive, et la figure 9, l'application à une pompe ; il est bien entendu, toutefois, que l'invention est appli-
cable à beaucoup d'autres usages, ceux-là étant représentés comme exemples.

A la figure 6, il est représenté une machine électrique composée d'aimants
MM, du joug Y, des extensions polaires PP et de l'armature tournante A, les
ressorts ou brosses du commutateur étant enlevés, afin de ne point obscurcir
la vue des autres parties.

Un régulateur G est mû par une partie quelconque tournante de la machine;
ce régulateur actionne un commutateur susceptible d'établir ou d'interrompre
le circuit simultanément sur un nombre de points. Ce commutateur est indiqué
d'une manière arbitraire seulement en G', sa construction, son fonctionnement
et ses effets étant illustrés et expliqués d'une manière plus complète dans des
brevets antérieurs demandés par moi.

Sur l'arbre $b$ de l'armature A est fixé un disque $a$, sur lequel se trouve le
bouton de manivelle $e$. Le disque $a$ est chargé d'un poids sur un côté, ou
découpé, de manière à être balancé.

Sur l'arbre $d$ de la roue motrice D est affolé le bras $g$ qui se projette au delà de
D et constitue un châssis $i$, dans lequel sont articulés les cliquets $k$, $k'$ réunis
ensemble par le cadre mobile $m$, au moyen duquel l'un ou l'autre des cliquets
peut être amené en contact avec la périphérie de D. Dans le bras $g$ est pratiquée une fente $h$ dans laquelle est fixée la broche $f$. Une bulle est articulée à
une de ses extrémités au bouton $e$ et à l'autre extrémité à la broche $f$. Comme
la distance de la broche $f$ de son centre $d$ est toujours plus grande que celle
du bouton $e$ du centre $b$, le mouvement rotatif de $a$ ne communique au bras $g$
qu'un mouvement oscillatoire. Les cliquets sont façonnés comme cela est
représenté, de telle manière que pendant le mouvement dans une direction,
ils glissent sur la face de D, tandis que pendant le mouvement dans la direction
opposée, ils se prennent contre la face et impriment le mouvement à D.

Dans la position illustrée, c'est le cliquet $k$ qui fonctionne. Lorsque $a$ tourne dans la direction de la flèche, le cliquet $k$, pendant la moitié du mouvement en avant de $a$, glisse sur la face de D, mais lors de la marche en arrière, ce cliquet entraîne et fait tourner D dans la direction de la flèche marquée sur D.

Dans la pratique, il est fait usage de deux ou d'un plus grand nombre de séries, comme cela est représenté en 2, 5, à la figure 7, de sorte qu'un mouvement continu soit assuré au lieu de l'action intermittente due à une seule série.

Si on désire renverser le mouvement, le cadre $m$ est mû vers la gauche, ce qui soulève le cliquet $k$ hors contact d'avec D, tandis qu'en même temps $k'$ est amené en contact avec D. Une disposition quelconque appropriée peut être employée pour maintenir le cadre $m$ dans la position dans laquelle il a été amené.

Sur l'arbre $d$ est affolé le volant F et la poulie de commande E, un embrayage C avec levier L étant employé pour réunir E, F à l'arbre $d$, de manière à ce que le mouvement des machines ou appareils commandés puisse être contrôlé sans qu'il soit nécessaire de faire subir au moteur lui-même les effets nuisibles de mise en marche et d'arrêts rapides.

A la figure 8, la machine est illustrée comme étant montée sur un châssis à roues, des roues motrices $Dw$ étant substituées au volant et à la poulie, constituant ainsi une locomotive efficace.

A la figure 9, il est représenté une pompe $Pr$, réunie directement par une bielle $r$ à une manivelle $cr$ sur l'arbre $d$. Grâce à une réunion directe de cette nature, au lieu d'engrenages intermédiaires, on obtient une augmentation d'effet utile.

Depuis longtemps, il s'est fait sentir le besoin d'une méthode au moyen de laquelle la force motrice puisse être facilement et économiquement transmise d'un moteur à un endroit éloigné, et beaucoup de propositions ont été faites à cet effet, et bien des moyens ont été imaginés pour cette transmission à l'aide de câbles, d'air comprimé et d'électricité.

En pratique, il a été établi que la force motrice d'un moteur peut être convertie en électricité et que cette électricité peut être transmise à un endroit éloigné pour être transformée de nouveau en force motrice, mais cela seulement à un degré limité et par l'emploi de très grands conducteurs, car pour la transmission de la force motrice à un endroit éloigné sans l'emploi de conducteurs grands et coûteux, il est nécessaire que le courant ait une très grande force électro-motrice ou « pression », par exemple jusqu'à deux ou trois mille volts. Dans la pratique, avec les machines magnéto ou dynamo-électriques telles qu'on les construit actuellement, il n'est point pratique d'engendrer des courants ayant une force électro-motrice aussi élevée. Ces machines n'ont qu'une seule bobine et la différence du potentiel entre une section de fil sur la bobine et une autre serait très grande. Il est extrêmement difficile de prendre les précautions nécessaires contre une différence aussi grande du potentiel, même lorsque l'envidage et l'isolation sont effectués avec le plus grand soin. Le résultat, surtout par un temps humide ou lorsque les bobines deviennent humides, est que les courants se frayent un passage court de section en section, brûlant ainsi les fils.

En outre, cette grande force électro-motrice a pour effet une grande augmentation d'avaries par les étincelles à l'endroit du commutateur.

Si des courants d'une telle force électro-motrice pouvaient être engendrés et transformés sans danger et d'une manière économique, des conducteurs relativement très petits et peu coûteux pourraient être employés pour transmettre, sans aucune perte matérielle, une très grande somme de force motrice, par exemple plusieurs centaines de chevaux.

Donc, un autre but de cette invention est de fournir les moyens et méthodes par lesquels cette transmission peut être effectuée.

Dans des systèmes de ce genre il est fait usage d'un premier moteur qui peut être un moteur à air, à vapeur, à eau ou un moulin à vent.

Il est préférable d'employer un moteur à grande vitesse, réuni directement au générateur. Si on fait usage d'une roue hydraulique telle qu'elles sont actuellement employées généralement, il serait nécessaire, par suite de la faible vitesse des chutes d'eau ordinaires, de la réunir au générateur à l'aide d'organes intermédiaires, généralement des courroies, disposés de manière à augmenter la vitesse, afin d'imprimer à la bobine un mouvement de rotation suffisamment rapide. Mais l'emploi de courroies ou d'engrenages a pour résultat des pertes de force motrice, ainsi que des irrégularités. Un autre but de l'invention consiste donc à disposer des roues hydrauliques conjointement avec des générateurs, de telle sorte que la roue et le générateur peuvent être réunis directement et sans l'emploi d'organes intermédiaires et que malgré cela on puisse atteindre la grande vitesse voulue. Afin d'accomplir ces résultats, il est fait usage d'une batterie de générateurs, dont chacun est séparé et complet en lui-même, mais avec toutes les armatures ou bobines tournantes (dont chacune est pourvue d'un commutateur spécial) montées sur le même arbre moteur, la force électro-motrice totale de toutes les bobines étant égale à la force électro-motrice voulue.

En la divisant ainsi entre un nombre de bobines, elle est diminuée dans chaque bobine avec une réduction correspondante de la différence du potentiel, entre les couches ou sections de chaque bobine.

Les moteurs ou machines servant à transformer de nouveau l'électricité sont divisés de la même manière. Toutes les bobines, chacune ayant son commutateur spécial, étant montées sur le même arbre moteur sur lequel elles exercent toutes leur force. Dans le cas où il est fait usage d'une roue hydraulique avec une chute d'eau seulement suffisante pour imprimer une faible vitesse, elle devrait être employée pour actionner un appareil à pompes servant à élever l'eau à une hauteur d'où elle pourrait tomber comme grande chute ou sous une haute pression, sur une plus petite roue, réunie directement aux générateurs, la plus grande hauteur de la chute d'eau et la petite grandeur de la deuxième roue ayant pour résultat une vitesse accélérée.

Cette disposition est employée parce que la perte résultant de l'emploi des pompes et de l'eau élevée par les pompes pour la commande de la deuxième roue est moindre que la perte résultant d'une réunion, au moyen de courroies, etc., d'une roue à faible vitesse avec le générateur de manière à obtenir la grande vitesse voulue.

Grâce à la disposition ainsi exposée dans son ensemble, il est possible et pratique, au point de vue commercial, de convertir jusqu'à plusieurs milliers de chevaux d'un premier moteur en électricité et de transmettre l'électricité à un endroit éloigné à l'aide de conducteurs d'une grandeur modérée et même très petits, afin de la reconvertir ensuite en force motrice.

En outre, j'ai découvert que pour obtenir les meilleurs résultats certains rapports doivent exister entre les générateurs et les moteurs.

En employant des générateurs pour la production d'un courant qui est alimenté dans un moteur électrique, la pratique a été jusqu'à ce jour de construire le générateur ou la machine transmetteur et le moteur ou la machine récepteur exactement les mêmes, de sorte que lorsque chacune tourne à la même vélocité, la force électro-motrice contraire du récepteur est exactement égale à la force électro-motrice du générateur. Dans ce cas, lorsqu'on n'effectue aucun travail, la tendance du moteur ou récepteur est d'atteindre ce rapport de vitesse qui est nécessaire pour égaliser à peu près la force électro-motrice contraire et la première force électro-motrice.

Si on donne à la machine un travail à exécuter, sa vitesse et par conséquent sa force électro-motrice contraire est réduite, mais si les deux sont construites semblables et si, pendant qu'aucun travail n'est effectué, elles ont des forces égales, on a trouvé qu'il est avantageux de charger le moteur ou récepteur au delà du degré, réduisant de plus de la moitié sa vitesse et par conséquent sa force électro-motrice contraire. La différence entre la force électro-motrice et la force électro-motrice contraire (non compris le frottement, bien entendu) représente la quantité de courant transformée en force motrice, qui, dans la plupart des cas, n'est pas plus de 50 pour cent.

Au lieu de la disposition décrite, j'envide les bobines des machines réceptrices ou moteurs de manière à ce que, lorsqu'ils sont mus à la même vitesse que les générateurs ou transmetteurs, leur force électro-motrice contraire soit seulement la moitié (ou même moins) de celle des transmetteurs. Alors, lorsqu'ils ne sont point chargés, comme leur tendance est de marcher à une vitesse qui développe la même force électro-motrice, ils tournent à une vitesse double de celle des générateurs.

Maintenant, s'ils sont chargés de travail, de manière à réduire leur vélocité à celle du transmetteur, ils ne développent que la moitié de leur force électro-motrice contraire non chargée, en transformant ainsi, à ce rapport, 50 pour cent de force motrice.

Il est préférable de charger de travail le moteur seulement à un degré tel qui permette une vitesse qui ne serait pas inférieure à celle du générateur et généralement un peu plus grande, de sorte que la force électro-motrice contraire développée soit 75 pour cent environ de la force électro-motrice; c'est à peu près à ce point que la conversion en force se fait le plus économiquement.

Dans la réunion de générateurs et de moteurs, le même moyen peut être suivi pour les deux.

Comme cela a été exposé antérieurement, un faible courant seulement est nécessaire pour maintenir au degré de saturation magnétique des aimants de champ une fois amenés à ce point. Dans le cas où on fait passer tout le courant engendré à travers les bobines des aimants du champ de force, la quantité de courant nécessaire à ce but est dépassée très considérablement et la résistance des bobines de champ est, sans aucun bénéfice, ajoutée au circuit du courant; par conséquent, je préfère employer une partie seulement du courant en disposant un circuit d'évitement ou shunt à la bobine d'une ou de toutes les machines, lequel évitement passe autour et rend efficace le champ de toute la série. La résistance des champs est proportionnée à la force électro-motrice de la bobine, de sorte que seulement la proportion nécessaire du courant passera à travers l'évitement, c'est-à-dire justement assez pour maintenir les aimants de champ au degré de la saturation magnétique économique.

A la figure 10 est représentée la disposition ainsi décrite, en tant qu'elle peut être représentée dans des dessins.

E est une batterie d'un nombre quelconque voulu de générateurs, six, A, A, A, A, A, $A^1$ étant représentés, leurs armatures ou bobines tournantes et leurs commutateurs étant sur un arbre $c^1$ commun à tous et qui est mû par un premier moteur, représenté arbitrairement par $x$.

Dans ce cas, les bobines de la batterie entière sont réunies en une série par des fils 3, 3 passant de la brosse du commutateur d'un générateur à celle du suivant, des conducteurs 2, 4 attachés aux serre-fils extrêmes de la machine, se dirigeant *sur* et *de* la batterie G de moteurs ou organes de translation.

En partant des points de réunion du commutateur de A', il est formé un circuit d'évitement (shunt) 5, 5 qui passe de P à travers les bobines du champ de force de la série et retourne à P'.

G est une batterie de moteurs ou récepteurs ayant leurs bobines envidées comme cela a été expliqué, de manière à avoir, lorsqu'elles n'exécutent aucun travail, une vitesse double de celle des bobines des générateurs, afin de développer une force électro-motrice contraire égale à la force électro-motrice des générateurs.

Les bobines et commutateurs sont placés sur un arbre c commun à tous, lequel arbre est convenablement réuni aux machines ou appareils qui doivent être mus, laquelle réunion est illustrée, dans cet exemple, par une poulie P³ sur l'arbre c, la courroie D et la poulie P⁴ sur l'arbre s qui transmet la force aux machines commandées.

Le courant arrive des générateurs, par exemple, par le fil 2 et passe à travers le commutateur de la première machine C, de là par les fils 1, 1 à travers les commutateurs des autres machines dans la série et retourne par les fils 13, 14 aux générateurs.

Un circuit d'évitement (shunt) 14 provenant du commutateur est dirigé à travers tous les aimants du champ de force, les résistances des évitements dans les deux cas étant proportionnées, comme cela a été ci-dessus expliqué.

Au lieu de disposer les générateurs et les moteurs en une série, comme cela est représenté, ils peuvent, si on le désire, être disposés les uns ou bien les deux, suivant le système à arc multiple, dans lesquels cas les résistances des parties doivent être ajustées pour compenser la différence de la résistance d'un circuit inhérente à la disposition d'organes dans une série ou dans des circuits dérivés.

Il n'est point nécessaire que les moteurs de la batterie G soient groupés ensemble, comme cela est représenté ; mais ils peuvent être distribués, comme par exemple dans un village qui est éloigné de la source d'alimentation ou station où E est installé.

Dans ce cas, une petite machine dynamo-électrique peut être placée dans le circuit 2 du village ou de la localité et le courant qui en est dérivé peut être employé pour exciter les aimants des machines ; un circuit local partirait *de* et retournait *à* la machine dynamo-électrique en passant à travers toutes les bobines de champ des moteurs y installés.

Au lieu d'envider les bobines de différentes manières de façon à nécessiter des vitesses différentes pour les mêmes forces électro-motrices, le nombre des moteurs ou machines réceptrices employés peut être inférieur à celui des générateurs, par exemple, comme cela est illustré à la figure 10, on peut employer pour six générateurs, quatre moteurs avec ce résultat, afin de donner la même force électro-motrice, que les récepteurs marchent à une bien plus grande vitesse que les générateurs.

Le genre d'armature généralement employé jusqu'à ce jour est une armature se composant d'une série de bobines envidées longitudinalement sur un seul noyau, les bobines se croisant les unes les autres aux extrémités où il existe une grande masse embarrassante de fils.

Si, par un accident quelconque, une ou plusieurs bobines sont endommagées ou détruites, la réparation est un procédé difficile et fatigant. Si ces bobines endommagées sont de celles qui ont été placées en premier lieu, celles qui les débordent aux extrémités doivent être enlevées avant que l'on puisse avoir accès aux bobines endommagées.

Il serait avantageux de trouver une disposition qui permette qu'une bobine quelconque puisse être enlevée ou réparée sans qu'il soit nécessaire de déranger les autres.

Donc, une autre partie de cette invention a rapport à une construction pour obtenir ce but.

Ce résultat est accompli en construisant en fil seulement cette partie de la bobine qui se trouve sur la face opérative, les fils d'une bobine étant réunis aux extrémités à l'aide de plaques métalliques, fixées à une base isolante et isolées les unes des autres. Ces plaques sont construites de manière à saillir aux endroits voulus au-dessus de la surface générale des noyaux, auxquels endroits les fils y sont fixés en les y soudant, brasant, ou à l'aide d'organes de serrage. A une extrémité, chaque plaque est réunie d'une manière convenable au bloc commutateur approprié.

Dans le cas où il devient nécessaire d'enlever une quelconque des bobines, elle est détachée de ses plaques à chaque extrémité sans déranger les autres bobines. En effet, par suite de cette construction, il devient possible d'enlever, de réparer et de replacer une bobine quelconque sans retirer l'armature de la machine et avec un arrêt très court de la machine.

Cette partie de l'invention peut être mise en pratique par des moyens, en substance tels qu'ils sont illustrés à la figure 11 des dessins, où C est l'extrémité près du commutateur et A l'extrémité opposée de l'armature.

Sur des bases isolantes de forme circulaire sont montées en A et C les plaques métalliques radicales numérotées 1 à 18, isolées les unes des autres, comme cela est illustré par l'espace noir entre elles.

Sur A, la plaque circulaire ou barre *a* réunit 1 et 10; *b*, 2 et 11; *c*, 3 et 12: *d*, 4 et 13; *e*, 5 et 14; *g*, 6 et 15; *h*, 7 et 16; *i*, 8 et 17; *k* 9 et 18. Chacune de ces barres est isolée des autres et de toutes les plaques, sauf celles qu'elle est destinée à réunir.

On voit que sur cette extrémité les barres circulaires réunissent des bobines exactement opposées, comme le feraient les fils ordinairement employés. Sur l'extrémité C, près du commutateur, la disposition est quelque peu différente.

Sur cette extrémité, 1 et 12 sont réunis par *m* ; 2 et 9 par *n* ; 13 et 14 par *o* ; 4 et 11 par *p* ; 5 et 16 par *q* ; 6 et 15 par *r* ; 7 et 18 par *s* ; 8 et 15 par *t* ; 10 et 17 par *u*. Ces barres sont isolées comme cela a été ci-dessus décrit à l'égard de A.

Sur l'extrémité près du commutateur, les barres radiales portant des numéros impairs sont, à leurs extrémités internes, cintrées à un angle droit vers l'extérieur, les parties recourbées *r*,*v* étant fixées sur un moyeu et constituant le commutateur.

A ces disques constituant les extrémités sont fixés, d'une manière quelconque convenable, des fils, bandes ou barres constituant conjointement avec les plaques radiales et circulaires les bobines.

Pour de grandes machines, je préfère employer des barres nues en cuivre rouge B, B' qui sont fixées dans les entailles représentées dans les bords externes des plaques radiales.

Elles seront suffisamment isolées l'une de l'autre par l'espace libre qui existe entre elles. Si l'on fait usage de barres qui ne seraient pas suffisamment rigides pour préserver leurs distances relatives les unes des autres sur toute leur longueur, des supports ou blocs d'une matière isolante telle que le mica peuvent être placés entre elles à des intervalles convenables.

Grâce à la disposition des communications et du commutateur, comme cela est représenté en C, toutes les bobines sont constamment en circuit, le courant engendré ayant la force électro-motrice d'une bobine de la longueur totale de toutes les bobines, tandis que la résistance interne est maintenue faible par la réduction de la résistance dans les extrémités, due à la bien plus grande masse de conducteur en section des plaques et barres par rapport à celle des fils généralement employés, tandis que la résistance des parties opératives, dans le cas où il est fait usage de barres, est généralement employée, tandis que le cas où il est fait usage de barres, est également diminuée de beaucoup.

Supposons que les parties accusent une position telle que les brosses du commutateur soient en communication avec 5 et 15, le chemin parcouru par le courant engendré sera comme suit : en partant, par exemple de la brosse en 5, le chemin jusqu'à 15, dans la machine, sera pour une partie du courant via 5, *c*, 14, *o*, 3, *c*, 12, *m*, 1, *a*, 10, *n*, 17, *i*, 8, *t*, 15, et pour l'autre partie via 5, *q*, 16, *h*, 7, *s*, 18, *k*, 9. *u*, 2, *b*, 11, *p*, 4, *d*, 13, *r*, 6, *g*, 15, renfermant ainsi chaque bobine.

Quoique l'expression de machines magnéto ou dynamo-électrique soit employée dans ce mémoire, dans la description aussi bien que dans les revendications, il est évident que ces perfectionnements sont également applicables à des machines ou moteurs électriques et que les revendications dans ce mémoire doivent être entendues et acceptées comme renfermant cette application.

Une autre méthode d'accomplir le même résultat que celui qu'on désire atteindre par la disposition décrite en dernier lieu, est comme suit :

Pour les parties opératives ou génératrices de l'armature, il est fait usage de bobines de fil ou de barres nues, des communications électriques d'une face à l'autre étant établies au moyen de disques, comme cela sera décrit plus bas.

Si l'on considère chaque série longitudinale de fils ou chaque barre comme une bobine, il est fait usage à chaque extrémité de l'armature d'une série de disques dont le nombre est égal à la moitié des bobines. Ces disques sont construits en feuille métallique, préférablement en cuivre rouge, et ils sont séparés les uns des autres par une couche de matière isolante. Ceux d'une série sont fixés ensemble au moyens de boulons passant à travers des trous pratiqués dans tous les disques de la série, les boulons en étant isolés au moyen de rondelles isolantes. Les boulons se vissent dans des trous taraudés dans les extrémités de l'armature elle-même, de sorte que non seulement ils réunissent ensemble les membres d'une série, mais qu'ils fixent en outre la série à l'armature elle-même.

Pour l'extrémité de l'armature opposée au commutateur, les disques sont construits en feuilles métalliques perforées dans le centre, afin de permettre que l'armature puisse passer à travers, celle-ci étant toutefois isolée des disques, sur les côtés opposés de chaque disque, il est formé un orcillon au moyen duquel le disque est attaché à ses propres barres ou fils, de manière à ce que le circuit à cette extrémité soit complété entre les deux barres ou bobines diamétralement opposées.

Pour l'extrémité près du commutateur, les disques sont construits en feuille métallique, chaque disque ayant deux oreillons sur sa périphérie pour la fixation des fils ou barres qui y doivent être réunis, sur cette extrémité.

Près du centre sont découpées des pièces semi-circulaires du métal, laissant entre elles une langue métallique, qui est découpée du corps du disque sur une extrémité et ensuite recourbée à angle droit vers l'extérieur.

La langue ainsi recourbée vers l'extérieur est amenée sur le bloc commutateur, constituant la communication du disque avec ce dernier.

Les oreillons des disques sur cette extrémité de l'armature ne sont point diamétralement opposés les uns aux autres, mais ils sont disposés les uns par rapport aux autres et par rapport à la langue décrite de telle manière que les bobines ou bases peuvent être réunies comme cela est illustré et décrit dans la disposition mentionnée en dernier lieu.

Cette construction est illustrée aux figures 12, 15 et 14 dans lesquelles M, M représentent les deux séries de disques.

C est l'arbre de l'armature sur lequel est monté le noyau D de l'armature, formé de disques de tôle de fer séparés les uns des autres par leurs feuilles isolantes.

A est un disque individuel de la série M du commutateur, ce disque est pourvu d'oreillons $a$, $a$. Dans chacun de ces disques sont découpés les deux ouvertures semi-circulaires $d$, $d$ entre lesquelles est laissée la langue $c$ qui est découpée du corps du disque en $e$. Cette langue est recourbée vers l'extérieur et fixée à la base du commutateur H, comme cela est représenté à la figure 12.

Des boulons I passent à travers les trous $g$ dans les disques, mais sont isolés du corps des disques, les disques étant également isolés les uns des autres.

Les extrémités inférieures des boulons sont filetées et se vissent dans des trous taraudés $h$ pratiqués dans le corps de l'armature, fixant ainsi les disques ensemble, et établissent l'assemblage des disques avec l'armature.

Des disques appropriés de chaque série sont réunis en paires par les bobines ou barres E E, des barres étant préférables, l'assemblage des disques et des barres étant effectué au moyen de vis passant à travers les oreillons dans les barres. Par exemple sur le côté représenté, les disques 1 et 2, 5 et 4, 5 et 6, 7 et 8, 9 et 10, 11 et 12, 15 et 14, 15 et 16, 17 et 18 sont réunis ensemble. Sur le côté non représenté, les communications seraient différentes, les oreillons $a$, $a$ et la langue $c$ de chaque disque étant disposés les uns par rapport aux autres de telle manière que le parcours du courant à travers l'armature au commutateur sur chaque côté soit comme cela a été décrit dans la disposition ci-avant mentionnée en dernier lieu, de manière à ce que toutes ou presque toutes les bobines soient constamment en circuit.

Il est évident qu'au lieu d'avoir les oreillons $a$, $a$ ou $b$, $b$, les disques pourraient avoir des bords droits et que les barres peuvent y être attachées au moyen de vis, de la soudure ou d'autres moyens de fixation convenables.

Ayant ainsi décrit la nature de mes perfectionnements aussi bien que la meilleure que je connaisse pour leur mise en pratique, je revendique comme de mon invention et entends breveter :

*Premièrement*. La combinaison, avec un porte-brosse d'une machine magnéto ou dynamo-électrique, de moyens pour effectuer une pression ajustable de la brosse sur le commutateur, comme cela a été décrit.

*Deuxièmement*. La combinaison, avec un commutateur, d'une série de brosses, chacune étant montée indépendamment sur un arbre ou sur une barre de support commun et ajustable indépendamment, comme cela a été décrit.

*Troisièmement*. La combinaison avec un commutateur, d'une série de brosses et de porte-brosses, chacun étant monté indépendamment sur une barre ou un arbre commun et disposé de manière à ce que chaque brosse porte obliquement sur le commutateur, comme cela a été décrit.

*Quatrièmement*. Un porte-brosse formé en deux parties, l'une pour être montée d'une manière fixe sur un support approprié et l'autre y réunie au moyen d'un joint à ressort ajustable, comme cela a été décrit.

*Cinquièmement*. Une machine magnéto ou dynamo-électrique, composée d'une série (de deux ou d'un plus grand nombre) d'aimants indépendants du champ de force, et d'une armature ou bobine unique, commune à tous les aimants, comme cela a été décrit.

*Sixièmement*. La combinaison d'une machine magnéto ou dynamo-électrique, d'une machine à vapeur y réunie au moyen d'un organe de réunion équilibré, d'un régulateur et d'un mécanisme à détente variable, contrôlé automatiquement par le régulateur et d'une armature ou bobine servant à la fois d'armature ou de bobine et de volant, comme cela a été décrit.

*Septièmement*. La combinaison avec une base commune d'une machine contrôlée automatiquement, d'une machine magnéto ou dynamo-électrique et de supports non magnétiques placés entre le générateur et la base, comme cela a été décrit.

*Huitièmement*. La combinaison avec les extensions polaires d'une série d'électro-aimants indépendants, constituant conjointement avec la bobine commune à tous ces aimants, un générateur, d'une plaque ou d'un support non magnétique réunissant et supportant les extensions polaires, comme cela a été décrit.

*Neuvièmement*. La combinaison d'un générateur, d'une machine à vapeur à grande vitesse et d'un mécanisme de détente variable et d'un régulateur, de manière à ce que la vitesse de la machine et la force ou pression du courant puissent être réglées d'une manière automatique, comme cela a été décrit.

*Dixièmement*. Un régulateur pour un moteur électrique disposé de manière à intercepter le circuit à des intervalles réguliers définis, comme cela a été décrit.

*Onzièmement.* Un régulateur pour une machine électrique disposé de manière à intercepter le circuit une fois à chaque révolution du régulateur, à un moment et pendant une fraction de la révolution dépendante de la vitesse de la machine ou de la somme du travail à effectuer, comme cela a été décrit.

*Douzièmement.* La méthode de réduire la vitesse entre un moteur électrique et les machines ou appareils commandés par ce moteur, en convertissant d'abord le mouvement rotatif de l'armature en un mouvement oscillatoire et en reconvertissant ensuite le mouvement oscillatoire en un mouvement rotatif, comme cela a été décrit.

*Treizièmement.* La combinaison avec l'armature rotative d'un moteur électrique, d'un porte-cliquet oscillatoire et d'une roue à frottement actionnée par ce dernier, comme cela a été décrit.

*Quatorzièmement.* La combinaison d'une armature rotative, d'un porte-cliquet oscillatoire, d'une bielle et d'un assemblage ajustable de manière à ce que la course et la vitesse du porte-cliquet puissent être variés comme cela a été décrit.

*Quinzièmement.* La combinaison d'une armature rotative, d'un porte-cliquet ajustable à deux cliquets, d'un assemblage ajustable entre ces organes et de moyens pour déterminer lequel des cliquets devra fonctionner pendant un moment donné, comme cela a été décrit.

*Seizièmement.* La combinaison d'un moteur électrique, d'une machine commandée par ce moteur et d'une bielle pour réunir directement les deux appareils sans l'intermédiaire d'engrenages ou de courroies, comme cela a été décrit.

*Dix-septièmement.* La combinaison d'une machine magnéto ou dynamo-électrique et d'un moteur électrique, construits l'un par rapport à l'autre de manière à ce que le moteur doive marcher à une vitesse bien plus grande que la machine dynamo ou magnéto-électrique, afin de produire une force électro-motrice contraire équivalant à la force électro-motrice de la machine dynamo ou magnéto-électrique, comme cela a été décrit.

*Dix-huitièmement.* La combinaison d'une batterie de machines magnéto ou dynamo-électriques et d'une batterie de moteurs ou machines électriques disposées différemment les unes par rapport aux autres, comme cela a été décrit.

*Dix-neuvièmement.* La méthode de transformer de la force motrice en électricité et de reconvertir l'électricité en force motrice, laquelle consiste à engendrer le courant dans des machines dynamo ou magnéto-électriques ou dans une batterie de ces machines, donnant une vitesse déterminée et émettant une force électro-motrice déterminée et à transmettre le courant à un moteur électrique ou à une série de ces moteurs, disposés de manière à donner la même force électro-motrice, seulement à une bien plus grande vitesse, comme cela a été décrit.

*Vingtièmement.* La combinaison avec le circuit principal d'une série ou batterie de machines magnéto ou dynamo-électriques employées soit comme générateurs, soit comme récepteurs, d'un circuit d'évitement (shunt), se dirigeant dans la bobine ou armature d'une des machines, lequel évitement passe autour et excite tous les aimants du champ de force de la batterie, comme cela a été décrit.

*Vingt et unièmement.* La méthode d'engendrer des courants par l'emploi d'une roue hydraulique comme premier moteur, laquelle méthode consiste à employer deux roues, dont la première et la plus grande sert à élever de l'eau à une certaine hauteur et à employer ensuite l'eau ainsi pompée, avec sa plus grande chute, pour actionner la plus petite roue à une plus grande vitesse, la deuxième roue étant réunie au générateur, comme cela a été décrit.

*Vingt-deuxièmement.* Une armature tournante pour machines magnéto ou dynamo-électriques, ayant son extrémité formée de plaques radiales et circulaires, convenablement réunies, comme cela a été décrit.

*Vingt-troisièmement.* La combinaison dans une armature pour machines magnéto ou dynamo-électriques, de plaques radiales et de plaques de réunion circulaires, comme cela a été décrit.

*Vingt-quatrièmement.* La combinaison avec l'armature d'une machine magnéto ou dynamo-électrique, pourvue d'une série de bobines ou de barres, d'un commutateur et d'organes de communication disposés de manière à retenir toutes les bobines constamment en circuit, comme cela a été décrit.

*Vingt-cinquièmement.* Une armature pour machines dynamo ou magnéto-électrique ayant ses parties opératives ou génératrices construites de barres ou bandes métalliques nues, comme cela a été décrit.

*Vingt-sixièmement.* Une armature pour machines dynamo ou magnéto-électriques dans laquelle les parties opératives ou génératrices peuvent être enlevées sans aucun dérangement des parties inertes constituant les extrémités, comme cela a été décrit.

*Vingt-septièmement.* Une armature tournante ayant ses extrémités composées de disques auxquels sont réunies les bobines ou barres opératives, comme cela a été décrit.

*Vingt-huitièmement.* La combinaison avec le commutateur, d'une extrémité d'armature composée de disques, ayant des langues intégrales avec ces derniers, servant pour l'établissement d'une réunion électrique avec le commutateur, comme cela a été décrit.

*Vingt-neuvièmement.* La combinaison, dans une armature tournante, d'une série de disques et de barres, les disques réunissant électriquement les barres par couples, comme cela a été décrit.

*Trentièmement.* Les disques pour l'extrémité près du commutateur d'une armature tournante, pourvus d'une langue, comme cela a été décrit.

3790. — Imprimerie A. Lahure, rue de Fleurus, 9, à Paris.

PARIS, IMPRIMERIE A. LAHURE

RUE DE FLEURUS, 9